42
Lb 138.

LE CRI

DE L'INDIGNATION

EXPRIMÉ EN 1796.

EXTRAIT *du N.º* 1378 *du Journal intitulé :*
Courrier de l'Egalité *, en date du samedi*
4 *juin* 1796 (16 *prairial an* 4).

LETTRE,

Datée de Fressin, le 3 *prairial, l'an* 4 *de la république, signée* VIOLLETTE *, Chef de Légion des Gardes Nationales du District de Montreuil-sur-Mer, département du Pas-de-Calais, insérée sous le Titre* ESPRIT PUBLIC.

PARIS,

P. N. ROUGERON , Imprimeur de S. A. S. Madame la Duchesse Douairière d'Orléans, rue de l'Hirondelle , N.º 22.

AN 1815.

PRÉFACE.

Mon intention, en livrant à l'impression le *Cri de l'Indignation,* inséré en 1796 dans plusieurs journaux de ce temps, n'est pas de retracer des souvenirs affligeans, de réveiller de vieilles haines , de troubler l'harmonie qui doit régner entre tous les Français, et d'exhumer des noms trop honteusement célèbres ; mais bien de prouver au gouvernement qu'il existoit alors des hommes courageux qui savoient braver les poignards et la proscription pour défendre la cause de l'ordre et de la justice , et de semer quelques fleurs sur la tombe des illustres victimes qui tombèrent sous le fer de l'anarchie , et des courageux plébéïens qui partagèrent leur sort en partageant leurs principes.

N. VIOLLETTE.

LE CRI

DE L'INDIGNATION

EXPRIMÉ EN 1796.

EXTRAIT *du N.° 1378 du Journal intitulé :* Courrier de l'Egalité, *en date du samedi 4 juin 1796 (16 prairial an 4).*

LETTRE,

Datée de Fressin, le 3 prairial, l'an 4 de la république, signée VIOLLETTE, Chef de Légion des Gardes Nationales du District de Montreuil-sur-Mer, département du Pas-de-Calais, insérée sous le Titre : ESPRIT PUBLIC.

ESPRIT PUBLIC. — Au moment où l'on vient de découvrir le plus horrible des complots, la voix des hommes vertueux, des amis sincères de la patrie, doit se faire entendre de toutes les parties de la république, et présenter au gouvernement la situation politique de chaque département. Celui qui se tait quand son pays est à deux doigts de sa perte, quand une faction homicide menace de verser à grands flots le sang des citoyens, est un lâche; je dirai plus; son silence est un crime.

Pourroit-on jamais croire que le malheureux département du Pas-de-Calais, où plus de six cents victimes furent sacrifiées à la rage du féroce Lebon, fût encore destiné à jouer un grand rôle dans la conspiration de Babœuf et compagnie? Cela ne paroîtra pas étonnant, quand l'on saura que la plupart de ceux qui ont conduit leurs concitoyens à l'échafaud, remplissent aujourd'hui des fonctions publiques avec une foule de leurs partisans, et qu'ils emploient tous les moyens qui sont en leur pouvoir pour égarer le peuple; cela ne paroîtra pas étonnant, quand l'on saura que l'on compte des présidens, des accusateurs publics et des jurés du tribunal sanguinaire de Lebon parmi les commissaires du directoire exécutif; que parmi ces commissaires, on ne trouve que çà et là quelques hommes estimables et dignes de la confiance publique, et que le reste est voué au mépris et à l'animadversion générale.

Que l'on jette les yeux sur la première pièce trouvée chez les conspirateurs, et envoyée par le directoire au conseil des cinq cents; l'on y verra qu'ils comptoient sur un parti nombreux de républicains dans les communes d'Arras,

Béthune et Saint-Omer (Qu'il est douloureux pour ces patriotes par excellence , ou , si vous voulez , pour ces républicains , je ne dirai pas français , mais à la Gracchus Babœuf, que le complot ait été découvert , et qu'ils aient par là manqué leur opération civique !). Ce n'est pas tout-à-fait sans fondement que la bande de Paris comptoit sur celles de ces trois villes. A Arras , l'administration municipale , composée de citoyens honnêtes , a été destituée et remplacée par des hommes idolâtres des jacobins , et parmi lesquels on compte des amnistiés ; une réunion de panthéonistes (1), de suppôts de Lebon, y a long-temps existé: l'on va même jusqu'à dire que des fonctionnaires publics y assistoient ; mais c'est peut-être une calomnie ; l'on sait qu'elle s'attache souvent à la vertu.

A Béthune , l'administration municipale est celle nommée par le peuple ; mais si le parti jacobite ne dominoit pas dans cette ville, l'on ne verroit pas dans le sein de cette autorité un Gouillard , ex-juré du tribunal révolutionnaire de Paris , et autres individus signalés comme anciens amis de la terreur. C'est dans cette com-

---

(1) Le club des jacobins étant fermé , plusieurs de ses membres les plus furieux s'assembloient dans la section du Panthéon.

mune et dans les environs que résident la famille et les amis de feu le célèbre Duquenoy, qui a joué un si grand rôle en prairial, l'an 3, contre la convention, dont il étoit membre, et qui, pour éviter l'ignominie du supplice, s'est tué dans les guichets de la conciergerie.

A Saint-Omer, où le peuple a constamment montré de l'horreur pour le régime de sang, et à qui l'on ne peut pas faire le reproche d'avoir mal choisi ses fonctionnaires publics, il a existé pendant long-temps une société connue sous le nom de club du *Casse-Tête*. Elle étoit composée d'anciens membres de comités révolutionaires, d'agens de Lebon, d'individus qui l'avoient tendrement sollicité, dans le temps, d'amener la guillotine dans leurs murs, et de quelques répupublicains à la Babœuf. Une adresse anarchique, signée par plusieurs de ses membres, a tapissé, l'hiver dernier, les murs de cette commune. Elle faisoit le procès au 9 thermidor, et rejettoit les malheurs du peuple sur ceux qui avoient contribué au succès de cette glorieuse journée. Le nommé Nicolle, ex-moine, beau-frère et ami de Coffin, commissaire du directoire exécutif près le département du Pas-de-Calais, y figuroit. Il est surprenant que les conjurés aient oublié dans la nomenclature des villes du Pas-de-Calais qu'ils ont désignées, celle de Saint-Pol : on peut

appéler cette commune la pépinière des brigands révolutionnaires ; c'est la patrie de l'in-
fâme Darthé , qui a été pris avec Drouet en fla-
grant délit, de cet ex-accusateur public du se-
cond tribunal de Lebon à Cambrai , dont les
crimes sont consignés dans le rapport sur les
papiers trouvés chez Robespierre; de ce monstre,
qu'on accuse d'avoir porté Lebon au dernier
degré de cruauté, et qui disoit un jour, en parlant
de ceux qui ne partageoient point ses furies san-
guinaires : « Si un fil les tenoit tous suspendus
» sur l'abîme, je le couperois pour les y préci-
» piter ». Mais pourquoi tant s'appesantir sur
le tissu de ses crimes ? C'est dans cette commune qu'habite une grande partie de la famille
de Lebon et de sa femme. C'est delà qu'il tiroit
la majeure partie de ses jurés et de ses autres
agens. Plusieurs même ont eu l'honneur d'or-
ner le tribunal de Fouquier-Tinville et de par-
tager sa glorieuse destinée ; c'est de cette commune que Lebon fit un jour monter à la même
heure, sur le même échafaud , trente-deux victimes ; elles eurent pour juges , pour jurés et
pour dénonciateurs , leurs concitoyens , leurs
parens ; et pour témoin de leur supplice , leur
concitoyenne madame Lebon , cette harpie furi-
bonde qui , placée vis-à-vis de l'instrument de
mort, aspiroit à longs traits le sang de l'inno-

cence. Le croiroit-t'on ? C'est dans cette même commune que ces athlètes du crime, ces amnistiés impudens, gorgés de dilapidations, sont venus promener leur barbare insolence ; ils insultent avec audace les parens infortunés de leurs victimes; ils outragent les citoyens paisibles, et trouvent dans les autorités constituées, sinon des complices, au moins des protecteurs de leurs forfaits. Dernièrement, un citoyen fut assailli par quelques-uns de ces brigands ; il fut tellement blessé, qu'on désespéra de sa vie pendant quelque temps. Eh bien ! des fonctionnaires publics, des hommes qui, sous le règne de la terreur, ont eu le pied sur le premier degré de l'échafaud à Cambrai, au lieu de faire leur devoir sur un pareil attentat, ont cherché à l'ensevelir dans l'oubli ; d'autres, au lieu de donner à la justice les lumières dont elle avoit besoin, ont tâché de lui dérober la vérité.

Voilà le tableau politique de plusieurs villes du Pas-de-Calais. Les autres n'ont pas mérité de fixer l'attention des conspirateurs ; je n'en parlerai pas : mais j'observerai qu'il n'est pas une si petite commune où, depuis quelque temps, les scélérats dévoués au parti de la terreur, n'aient redoublé d'audace. Comme je ne crains pas les hommes puissans, je terminerai par une réflexion peu avantageuse au commissaire près le département. Lorsque les patriotes par excellence, les républicains à la Babœuf, font quelques menaces aux citoyens paisibles , ils ne parlent jamais que par Coffin. Il faut qu'ils aient donc bien du crédit auprès de lui, pour s'appuyer ainsi de son nom.

Comme je ne crains pas plus la horde jacobite , la horde des brigands qui ont inondé la France de sang et de larmes , et que je ne veux pas survivre au déshonneur de mon pays, s'ils viennent à triompher , je m'appelle N. VIOLLETTE , chef de légion des gardes nationales du district de Montreuil-sur-Mer, département du Pas-de-Calais.

Certifié conforme à l'original, par moi éditeur du Journal précité. Paris , ce 8 mars 1815.

Signé CAILLOT ,

Libraire , rue Pavée-Saint-André , n.° 19.